Garfield

pocket 22

Jim Davis

Garfield

Pocket 22

Loeb, uitgevers, Amsterdam
A.W. Bruna Uitgevers B.V., Utrecht

ISBN 90 229 4636 3
NUGI 352

Derde druk, januari 1999

De Garfield-pocket is een uitgave van Loeb, uitgevers
en wordt exclusief gedistribueerd door
A.W. Bruna Uitgevers B.V.

JE OOIT AFGEVRAAGD WAAROM
HUISDIEREN OPEENS VAN DE ENE
KAMER NAAR DE ANDERE RENNEN?

DAAR IS IE VOORLOPIG
NIET UIT,

9-14 JIM DAVIS

© 1992 United Feature Syndicate, Inc.

© 1992 United Feature Syndicate, Inc.

JIM DAVIS 10-2

HUUR.

JIM DAVIS 10-5

WAT EEN NACHTMERRIE! IK
DROOMDE DAT IK BIJ EEN MENS
WOONDE DIE ...

© 1992 United Feature Syndicate, Inc.

© 1992 United Feature Syndicate, Inc.

JIM DAVIS 10-7

DA'S DE GROOTSTE KATAPULT DIE IK OOIT GEZIEN HEB.

VERSTOPPERTJE SPELEN MET ODIE IS GEEN KUNST.

© 1992 United Feature Syndicate, Inc.

JIJ DOET JOUW LELIJKSTE MOM-
BAKKES VOOR, EN IK HET MIJNE.

JIM DAVIS 10-31

© 1992 United Feature Syndicate, Inc.

JIM DAVIS 11-3

JE VERZAMELT STOF.

© 1992 United Feature Syndicate, Inc.

EN ZEGT NIEMAND "DANKJEWEL"?!

JIM DAViS 11-4

© 1992 United Feature Syndicate, Inc.

JIM DAVIS 11-13

© 1992 United Feature Syndicate, Inc.

NEE, IK VOEL ME NOG STEEDS BE-ROERD.

MOGEN DAN NU DE HOEDJES AF?

JIM DAVIS 11-17

© 1992 United Feature Syndicate, Inc.

IK ZEI TOCH DAT JE JE IJSJE NIET IN ÉÉN HAP MOEST OPETEN.

JIM DAVIS 11-30

© 1992 United Feature Syndicate, Inc.

JIM DAVIS 12-5

HOEDEN STAAN
ODIE GOED.

KIJK, GARFIELD!

EEN KERSTKAART VAN PA EN MA!

DAT KAN IK WEL RADEN.

JE ZIET NIET VEEL KAARTEN MET DE KERSTMAN IN Z'N ZONDAGSE OVERALL.

WAT IS ER TRADITIONELER
DAN HET HANGEN VAN 'N
KERSTKRANS AAN DE
DEUR.

© 1992 United Feature Syndicate, Inc.

JIM DAVIS 12-22

© 1992 United Feature Syndicate, Inc.

WAAR WACHT JE OP!?

MIDDER-NACHT.

BONKA
BONKA
BONKA
BONKA
BONKA
BONKA
THUD!

ODIE IS IN EEN WIP BENEDEN,
NU DE TRAP INGEVET IS.

© 1993 United Feature Syndicate, Inc.

WE GAAN IETS DOEN.

DOEN WE TOCH...?

IETS MET BEWEGING.

IK NIET.

ZIT IK IN JE STOEL, GARFIELD?